Du même auteur

Récits
Le Troisième Jour, *Plaidoirie pro domo*, Paris, BoD, 2018.
L'exode, *Bisi Mavula*, Paris, BoD, 2018.

Contes
Guirlandes fanées *Contes du Congo Brazzaville,* Paris, Acoria, 2011.
Nouvelles guirlandes fanées *Contes et légendes du Congo Brazzaville,* Paris, BoD, 2018.

Proverbes
Le Masque des Mots *sous le toit de mon père (traduction de proverbes Kongo),* Paris, BoD, 2018.

Histoire
Brazzaville *Cœur de la nation congolaise* 1880-1970, BoD, Paris 2018.

Essai
Georges Brassens, *les diables s'en mêlent à présent*, BoD, Paris, 2018.

Poésie
Du pays d'où nous venons, BoD, Paris mars 2018 (en collaboration avec Benoist Saul Lhoni).

Matricule 22

Image de couverture
André Grenard Matsoua alias *Matricule 22* - DR
Couverture
© Benoist Saul Lhoni

Tous droits de traduction,
de reproduction, d'adaptation et
de représentation réservés pour tous pays

ISBN 978-2-3220-998-70

Patrice Joseph Lhoni

Matricule 22

Drame en quatre actes

Théâtre

Mbonghi

Préface

Quel dramaturge congolais peut affirmer ne pas être un *frère en littérature* de Patrice Joseph Lhoni ? De Guy Menga à Maxime Ndébéka, en passant par Sylvain Bemba, ou Sony Labou Tansi et Dieudonné Niangouna, le théâtre de Patrice Joseph Lhoni fut un exemple de construction dramaturgique. Nous avons, tous, grandi dans les bras des textes comme *Matricule 22* et *Les Trois francs*. Ces textes nous ont accompagnés à travers diverses mises en scène professionnelles ou d'amateurs. Le *Théâtre National*, les compagnies privées, les écoles et les lycées ont puisé dans une œuvre qui anticipait notre avenir en nous plaçant au centre de notre histoire.

Le Congo, dès les années précédant les indépendances, se construit, avec des auteurs comme Tchicaya U'Tamsi, Jean Malonga, Letembet-Ambilly, Guy Menga et Patrice Joseph Lhoni, un regard tourné vers la question congolaise. C'est comme si l'espace

du cri d'affirmation que lance le poète Tchicaya U'Tamsi avec ces vers,
Sale tête de Nègre,
Voici ma tête congolaise
… affichait par anticipation l'exergue d'une quête littéraire à la Congolaise. La voie d'un réalisme merveilleux était ouverte.

En effet dès les années 60, comme le précise en 1982 Guy Menga dans le numéro 3 de la revue *Culture française*, le Congo se dote donc d'un nombre assez important de troupes – qui faute de répertoire national –, elles montent, adaptent et jouent des comédies ou des farces signées Molière, Marivaux ou Courteline. Car les auteurs ne prendront en marche le train théâtral ainsi lancé qu'à partir de 1962. Maurice Battambica, Guy Menga, Patrice Joseph Lhoni et Ferdinand Mouangassa seront les premiers à prendre place dans le compartiment réservé aux auteurs alors que dans celui des comédiens voyagent en nombre important les célébrités qui donneront ses premières lettres de noblesse à ce théâtre naissant. Ils s'appellent Élisabeth M'Passi, Pascal Mayenga, Marius Yelolo, Pascal Nzonzi, Victor NT'tua Kanda, pour ne citer que les plus connus sans pour autant oublier les seconds rôles et les figurants tout aussi importants, tant il est vrai que la création théâtrale demeure avant tout une œuvre collective. Les premiers succès remportés par ces comédiens et auteurs qui font figure de pionniers vont susciter un phénomène de création extraordinaire, chez les dramaturges surtout… Je suis, à l'instar d'autres dramaturges congolais, indéniablement redevable de ces *pionniers* d'un théâtre proposant un nouvel espace commun à bâtir, à travers une relecture dramaturgique de notre histoire.

Enfant, j'étais en quête de héros congolais, d'une mythologie qui me ferait comprendre le monde dans lequel je vivais. Je ne pouvais imaginer que *mon peuple* fut sans histoire, sans réalisations majeures, sans âme et sans projets d'avenir.

Dans l'espace de diverses parcelles de résistance menée par des hommes comme André Matsoua, ou des héroïnes comme Tchimpa Vita, le Congo m'est enfin apparu. Ni les flonflons des fêtes de l'indépendance ni l'école ne me donnaient cette certitude d'avoir une histoire à moi, une histoire qui me liait à un peuple, une culture et un projet de société.

J'ai trouvé dans l'œuvre dramatique de Patrice Joseph Lhoni, tous les questionnements de notre époque. La place du pouvoir dans la Cité, le respect des peuples et de leurs cultures, la probité et le respect des valeurs universelles, le droit des peuples à disposer d'eux-mêmes. La pièce *Liberté*, qui donne la parole à des personnalités historiques et culturelles majeures du XXe siècle est une mise en abyme de l'histoire qui restituait déjà à chaque Congolais sa part d'humanité, obstruée par des siècles d'infamie.

De manière prémonitoire, à travers une analyse et une observation intelligentes, qui n'enlèvent rien à la qualité littéraire, Patrice Joseph Lhoni nous installe dans notre modernité. Cela n'est pas étonnant lorsqu'on sait quel rôle l'auteur a joué dans la mise en place d'une politique culturelle brazzavilloise et par conséquent congolaise.

Si l'œuvre de Patrice Joseph Lhoni annonce la fin d'un monde que l'irruption du colonialisme bouscule et transforme par la force, elle scelle de façon durable une interrogation sur l'avenir et la place des valeurs qui s'installent dans un rapport de force entre l'endogène et l'exogène. Une interrogation qui demeure d'actualité aujourd'hui, portée par une mondialisation galopante.

Caya Makhélé
Écrivain

Note de présentation

Drame en 4 actes, Matricule 22, retrace un épisode historique de la colonisation. En voici le résumé.

L'administration coloniale règne en maître sur toute l'étendue du territoire du Moyen-Congo. Des mesures arbitraires mettent les indigènes dans des conditions voisines de celles des esclaves, et les corvées *pleuvent*.

Les mêmes indigènes finissent par avoir le sentiment qu'ils ne s'appartiennent plus, que leur cadre traditionnel disparaît progressivement, et qu'ils ne vivent plus que pour messieurs les commandants et la joie des miliciens ! Le mécontentement gagne toutes les couches de la population. Et bientôt va souffler dans le pays un vent de révolte générale, favorisée, entretenue et encouragée par *Matricule 22* qui n'est autre qu'un de nos principaux héros nationaux, artisan no1 de notre indépendance : Matsoua André.

Établi à Paris, Matricule 22 y sera arrêté par le gouvernement français sur la demande du gouvernement du Moyen-Congo. Il sera immédiatement transféré à Brazzaville où il sera emprisonné et jugé. Au cours, du jugement, *Matricule 22* mettra ses juges au défi, et explicitera le mobile de l'action revendicatrice de son peuple. Ce jugement se terminera en queue de poisson. *Matricule 22* plaidant non coupable à la faveur de la raison, de la logique et de la nature même des choses, à défaut surtout de preuves de sa culpabilité. Et seul l'avenir est agréé comme juge pour se prononcer pour ou contre *Matricule 22* !

Mais si *Matricule 22* évoque la grande figure de notre plus grand héros national, il propose un type idéal de nationaliste. Il pose également et en termes clairs le problème de la colonisation qui quoiqu'il en soit nous a été un *mal nécessaire*.

Personnages

Le chef Zeba du village de Mutampa
Malela, son aide
Muinda, correspondant de *Matricule 22*
Ntangu, Ngondolo : partisans de Muinda
Mayamu, le traître
Le commandant et son secrétaire
Les miliciens Kobila et Niaki
Les autres miliciens
Les villageois de Mutampa et Wumba
Le président de la cour
Deux juges
Un huissier
Un greffier
Le Conseil des dignitaires du pays.

Acte 1

Scène 1

Une lettre de Paris. Muinda — Ntangu (c'est ce dernier qui apporte la lettre à Muinda).

Ntangu *(frappant à la porte).* — Toc ! Toc ! Toc !

Muinda. — Entrez, sans façon !

Ntangu. — Bonjour, ami !

Muinda. — Ami, bonjour. Notre famille est-elle en bonne santé ?

Ntangu. — Sans trop remercier les dieux, ma foi, oui ! *(S'asseyant).* Et dans ta maison, comment vont les choses ?

Muinda. — Pas mal.

Ntangu. — Tant mieux, tant mieux ! … Tiens, je t'apporte cette lettre.

Muinda. — D'où vient-elle ?

Ntangu. — Je ne sais pas. C'est quelqu'un qui doit bien te connaître qui me l'a remise. Il aurait voulu venir te l'apporter lui-même, mais faute de temps…

Muinda *(ouvrant la lettre, et lisant à haute voix)*
Paris, le 1er septembre 1930
Mon frère, salut !
Tu trouveras dans la présente lettre contrairement aux précédentes, les points essentiels résumés de notre action dont la devise est claire et nette : prise de conscience, libération et réhabilitation de notre peuple dans sa dignité première !
Notre lutte n'est pas et ne saurait être systématique : elle est de principe. Elle est uniquement dirigée contre les fossoyeurs de notre personnalité, de nos valeurs traditionnelles propres et millénaires, philosophiques, morales et spirituelles.
Notre lutte concerne uniquement ceux des étrangers qui ont fait de notre Pays leur seconde Patrie, mais dont les spéculations ne tendent essentiellement qu'à nous appauvrir, par l'exploitation abusive de nos ressources agricoles, industrielles et minières.
Notre lutte vise à l'instauration du règne de la liberté, de la justice, et de l'égalité des droits pour tous.
Notre lutte nous est commandée par la logique même des choses, car les temps ne sont plus à

l'obéissance servile ; la raison n'est plus ni à la chicote, ni à la corde, ni à la prison, encore moins aux travaux forcés. Tels sont et doivent être les sentiments de notre peuple, hommes, femmes et enfants. Notre mission est de libérer notre peuple de l'esclavage colonialiste, quoi qu'il arrive. Mais le secret en est encore et pour longtemps peut-être dans le jour où se lèvera le soleil de notre libération.

Mais rien de cela n'est impossible sur la base d'une action organisée.

Pour cela et afin d'assurer, toutes ses chances de réussite à notre action libératrice, tu fais en sorte que le peuple entier se sent concerné pour, enfin, qu'il s'engage dans la lutte. Mais prends garde ! Car il serait naïf de penser que l'Autorité coloniale, jalouse de sa suprématie sur les peuples qu'elle a subjugués, ne mette pas tout en œuvre pour anéantir notre mouvement de légitime défense. Si le peuple tout entier doit cautionner notre lutte, obtiens avant tout l'engagement sans faille de ceux de nos frères qui te paraîtront offrir plus de garantie de succès et de triomphe.

En un mot, la méthode de travail doit consister en une création de cellules militantes dans chaque village, dans chaque hameau, sans exclusive pour les centres urbains, où, en fin de compte, notre mouvement de libération doit prendre racine. Bonne chance !

Signé : ***Matricule 22***

P.S. — Surtout beaucoup de courage, sans te soucier de quoi sera fait le lendemain. Seule une action bien organisée mène tout droit au but. Et la conviction, aussi, que la cause qu'on défend est juste, et finira par triompher. Mais ce qui compte, ce n'est pas tant la victoire sur-le-champ de bataille ; car si l'action cesse sur le terrain du combat, l'idée pour laquelle on a donné sa vie doit survivre : la victoire appartient à la postérité.

Ntangu. — Ah ! Très bien ! Voilà bien un langage du cœur ! Et c'est bien de lui !

Muinda. — Mais qui ne suffit pas ! Il nous faut des gens convaincus et décidés à s'offrir, s'il le faut, en martyrs pour la cause commune.

Ntangu. — Certainement. Mais ce ne sont pas les bonnes volontés qui vont nous faire défaut. Et je pense tout de suite au frère Ngondolo en particulier, et à tant d'autres. Et puis, il y a le peuple.

Muinda. – D'accord. Mais il nous faut faire très attention avec le peuple. Car le peuple, tu le sais, c'est comme dit le dicton : *beaucoup de mouches qui…*, tu y es ?

Ntangu. — Oui, oui, bien sûr !

Muinda. — Oui, le peuple entre bien vite en

transes dès que sa conscience est aiguillonnée, et, dans ses moments d'enthousiasme, d'exaltation et d'euphorie, il dévie bien vite et facilement. Après quoi, il devient trop tard pour le maîtriser et pour le remettre dans la voie ou pour le ramener dans les rangs. N'est-ce pas ton avis ?

Ntangu. — Si ! Si ! Aussi notre rôle est-il délicat à jouer. Car si nous manquons le début, tout est perdu, ou d'avance voué à l'échec. Ce n'est pas ce que nous voulons.

Muinda. — Disons donc : ne rien livrer de la teneur de cette lettre ni au hasard, ni à n'importe qui. Nous sommes pour le moment trois : toi, Ngondolo et moi.

Ntangu. — Entièrement d'accord. Le succès de toute entreprise dépend moins de la quantité que de la qualité des entrepreneurs. L'atout, c'est de savoir ce que l'on fait, et ce que l'on veut.

Muinda. — Et pour en revenir au peuple, il sera difficile dans la conjoncture particulière, d'obtenir de lui une adhésion spontanée. En d'autres temps, la question ne se poserait pas. Mais l'Autorité coloniale est si forte, et il y a tant de peur dans les cœurs, qu'un soulèvement massif populaire dépendra de la dose de détermination et de conviction que nous aurons mise dans notre action… Mais courons vite à la recherche de Ngondolo : l'heure est à l'action.

Scène II

Muinda, Ngondolo, Ntangu

Muinda. — Voilà ! Il faut engager notre action de façon décisive.

Ngondolo. — Oui, mais quelle méthode devons-nous adopter ?

Ntangu. — D'autant que *Matricule 22* nous convie à la prudence. Je propose une action strictement clandestine jusqu'au jour où — sûrs de nous et les masses populaires sensibilisées — le scandale éclatera en plein jour et à la grande surprise des usurpateurs de nos libertés.

Muinda. — Excellente méthode.

Ngondolo. – Mais alors, il nous faut dresser une carte du pays, et recenser tous les villages.

Ntangu. — Qu'à cela ne tienne ! Nous en prendrons une au district !

Muinda. — Très bien. Alors, partageons-nous les tâches : chacun de nous ira de son côté, mais toujours dans le plus grand mystère. Parcourons les villages. Tenons nos réunions secrètes. Laissons dans chaque village un responsable qui se mettra régulièrement en liaison avec nous.

Ngondolo. — Attention ! Il nous faut beaucoup de tact, beaucoup de doigté. Car seule notre façon de présenter le problème nous fera réussir ou échouer. Évitons les malentendus.

Ntangu. — Exactement. Et ce, conformément, aux instructions mêmes de *Matricule 22* dans sa lettre.

Muinda. — Oui, nous devons créer des cellules militantes qui, une fois bien gagnées à la cause commune, vont rayonner à travers tout le pays.

Ngondolo. — Mais ne tergiversons plus. Le sort en est jeté. En avant !

Scène III

Le milicien Kobila chez le chef Zeba à Mutampa. Malela, l'aide du chef.

Le Milicien *(Tout en se pavanant)*. — Je suis spécialement envoyé par le Commandant pour trois impératifs nets et précis ; écoutez-moi bien :
Primo : Tu as du retard dans le versement de tes impôts dont le Commandant ne veut plus qu'il en soit encore question d'ici une semaine. Tu t'exposerais à des sanctions que tu connais trop pour t'amuser à traîner encore !
Secundo : dimanche prochain, c'est au tour de ton village de tenir le marché habituel au poste de subdivision. Dis à tes villageois de ne ménager aucun effort pour achalander les stands, en y apportant tout ce qu'il y a de produits maraîchers, volaille, bétail, etc. Ajoute, pour leur gouverne, que c'est le Commandant qui fixe les prix de vente. Je te le tiens pour dit, et une fois pour toutes.
Tertio : Le Commandant te fait dire enfin que l'état de la piste qui mène à ton village est défectueux et que les longrines qui enjambent le

ruisselet de Linzolo ne tiennent plus. Tu n'as pas besoin que je te dise d'y mettre, et aujourd'hui plutôt que demain, un groupe de prestataires, voire tout le village, hommes, femmes et enfants.

Que ces trois impératifs soient bien entendu, bien retenus et bien exécutés. À bon entendeur, salut !

Le milicien s'en va.

Le chef Zeba. — Ouais ! Ouais ! Que toutes ces choses soient bien entendues, bien retenues et bien exécutées ! Ouais ! Et bien sûr ! Foin de milicien ! Que la fièvre des marais et mille millions de migraines à te faire sauter la cervelle t'emportent ! Mais de cervelle, tu n'en as point, car tu saurais ce que tu dis ! Pauvre de toi !

Il appelle son aide.

– Malela ! Malela !

Malela arrive.

– Prends la corne d'antilope et sonne le rassemblement !

Malela exécute l'ordre et le rideau tombe tandis que meurt le son de la corne.

Le chef Zeba. — Ah ! Voilà ce que nos pères ne connaissaient pas !

Scène IV

Le chef Zeba et les villageois

Le chef Zeba. — Je vous ai fait venir si brusquement ce dont je vous demande de m'excuser, car c'est bien contre mon gré, à propos des impôts — des éternels impôts et de mille autres corvées et de servitudes — qu'inlassablement nous impose Monsieur le Commandant qui vient de me dépêcher son fidèle messager, alias Kobila, le milicien. J'ai un délai de moins d'une semaine pour verser les impôts. Monsieur le Commandant n'entend plus souffrir aucun retard. Mais qu'à cela ne tienne, car je crois avoir au complet le montant exigé, exception faite, du jeune Samba et de la vieille Zala. Vous savez que Samba ne peut pas trouver d'argent : il est encore trop jeune, mais le Commandant estime qu'il a atteint l'âge imposable ! Comme si cet âge une fois atteint l'argent, vous tombe du ciel ! Quant à la vieille Zala, où voulez-vous qu'elle trouve, ne serait-ce qu'un sou ? Elle peut à peine marcher ; elle ne voit plus, n'entend plus… Hormis donc ces deux cas, je dois avoir au complet l'impôt. C'est ce que nous allons voir. Comptez tous avec mon secrétaire. Voici la procédure : arrêtez tout d'abord le nombre d'habitants imposables ; ensuite, vous les compterez par groupe de dix, pour faciliter le calcul.

Le secrétaire muni de palmes passe au milieu du groupe. À chaque palme qu'il montre, on lui désigne un nom. Bientôt, les noms s'égrènent en une sorte de litanie.

Le secrétaire. — Malonga et sa femme ; Mamba et sa femme ; Nzungu et sa femme ; Nkela et sa femme ; Kayi et sa femme. Cela en fait dix. Malanda et son fils ; Nzau et ses trois filles ; Mpiaka, Mbelani, Samba, Zala. Cela en fait encore dix.

Ici, le Chef fait signe à un villageois de s'approcher de lui, et tous deux entament une causerie-mimique tandis que les autres villageois comptent, mais on n'entend que des murmures : hum...

Le Chef. — Combien avez-vous compté ?

Les villageois. — Cent.

Le chef. — Pardon. C'est cent cinq personnes, et non cent !

Les villageois. — Comment ?

Le chef Zeba. — Eh oui ! Zoba, Kelo et Pela, décédés il y a trois saisons sèches, figurent toujours sur le registre des impôts. Pour le Commandant, ils sont toujours vivants ! Ajoutez-y Sungi et son mari qui ont émigré…

Un villageois. — Ah ! Ça ! Mais, cela est ta faute, chef. C'est pour la troisième fois, je me rappelle, que cette histoire des morts revient ici. Tu n'as donc pas dit au Commandant qu'ils étaient morts ?

Le chef Zeba. — Mais si ! Mais si ! Mais le Commandant demande des preuves comme quoi ils sont morts !

Un autre villageois. — Y a-t-il meilleure preuve que celle de… leur mort ?

Le chef Zeba. — Selon le Commandant, je dois produire des papiers au terme desquels auraient été constatés le jour et l'heure de leur décès ! Enfin et qu'à cela ne tienne, j'ai voulu tout simplement attirer votre attention sur le chiffre imposable exact. Passons et résumons-nous ! Cent cinq personnes imposables. Comptez.

On fait dix paquets de 10 palmes et 1 de 5. Un villageois compte ; tous les assistants avec lui :

Un, un, un... deux. Deux, deux, deux... trois. Trois, trois, trois... quatre. Quatre, quatre, quatre... cinq. Cinq, cinq, cinq... six. Six, six, six... sept. Sept, sept, sept... huit. Huit, huit, huit... neuf. Neuf, neuf, neuf... dix.

Le chef Zeba *(Interrogeant)*. — À quel quantième paquet en sommes-nous ?

Les villageois. — C'est le dixième.

Le chef Zeba. — Bon. À raison de trois cent soixante-quinze francs et cinquante centimes (375,50 F) par tête, combien cela fera-t-il ?

Les villageois comptent. — hum... Hum... Trente-sept mille cinq cent cinquante francs (37 550 F).

Le chef Zeba. — Bon. Comptez-moi les unités maintenant.

Un villageois. — C'est fait. Nous avons compté mille huit cent soixante-dix-sept francs et cinquante centimes (1 877,50 F).

Le chef Zeba. — C'est parfait. Et combien cela fait-il au total ?

Les villageois. — Quarante mille. Moins, cinq cent soixante-douze francs et cinquante centimes !

Le chef Zeba. — C'est ça ! C'est-à-dire trente-neuf mille quatre cent vingt-sept francs et cinquante centimes.

Le chef à son secrétaire.

– Rassemble-moi tous ces paquets et range-les soigneusement dans mon sac. Demain, j'irai verser son argent au Commandant.

Se tournant vers les villageois.

– Je vous remercie.

Les villageois s'apprêtent à quitter la cour, mais le chef les retient.

– Mais ce n'est pas tout, il reste deux questions à l'ordre du jour :
Premièrement : dans une semaine, ce sera au tour de notre village d'approvisionner le marché de la subdivision. Au dernier tour, je vous ai donné l'exemple en offrant mes poulets et mes cabris. Cette fois, vous vous entendrez à l'amiable pour désigner celui d'entre vous qui doit s'acquitter de cette obligation. Veuillez me donner votre réponse dans les trois jours.
Deuxièmement : l'entretien de la piste carrossable nous oblige à opérer une levée de prestataires dans les rangs de nos villageois. Je

pense que cette fois-ci la question ne soulèvera pas autant de discussions que dans le passé où ceux qui avaient été désignés avançaient des motifs familiaux tendant à les mettre à l'abri de cette servitude.

Je vous dirai, à ces deux sujets, que j'en ai assez des blâmes du Commandant. Vous vous entendrez pour désigner les prestataires pour cette fois…

Un villageois. — Pour le premier comme pour le deuxième problème, il est bon que, d'autorité, car tu es notre chef, tu désignes personnellement les malheureux qui, cette fois, doivent offrir volaille et bétail, et entretenir la piste.

Un autre villageois. — Je suis de cet avis. Car, entre nous, il n'y aura jamais d'entente. D'autant que ce n'est pas à une fête qu'on nous invite. Aussi…

Le chef Zeba *(interrompant).* — Alors j'ai déjà désigné les deux qui viennent de parler. Le premier pour l'offrande et le second pour la prestation.

Le premier villageois. — Je voudrais bien, chef, mais la fouine, cette maudite bête, m'a mangé mon plus beau coq la semaine dernière ; quant au bétail, tu connais ma condition sociale. Je ne fabrique que des nasses, pour tout juste avoir de quoi ne pas mourir de faim…

Le chef Zeba. — Va contracter des dettes, si le cœur te chante et où tu veux, comme tu veux. C'est toi que le sort frappe cette fois, en attendant le tour des autres. Ce n'est pas moi qui le veux, c'est le Commandant qui sait pourtant que nous ne sommes pas aussi riches que lui…

Le deuxième villageois. — Pourquoi donc nos chefs ensemble ne protesteraient-ils pas contre certaines mesures du Commandant ? Et puis, jusqu'à quand continuerons-nous à faire bé-né-vo-le-ment des travaux d'entretien des routes pour lesquelles M. le Commandant perçoit bel et bien de l'argent du gouvernement ? J'ai l'impression que nos chefs accepteraient même la mort si tel était le bon vouloir du Commandant !

Le chef Zeba. — Oh ! Le beau parleur ! Le brave ! Je voudrais te voir tenir ce même discours en face du Commandant… Mais tu as raison, tout de même. En attendant, il nous faut plaire au Commandant !

Un villageois. — Plaire, plaire, toujours plaire au Commandant !

Un autre villageois. — Parce que nous sommes incapables de réagir !

Un autre encore. — Des étrangers qui se

permettent tout, sur notre propre sol ! Et notre vie devient impossible.

Le chef Zeba. — Sachez une chose…

Muinda. — Non, chef ! Rien de tout ce que tu as décidé ne se fera. Ni impôts, ni offrandes, ni prestations. Nous n'avons que trop longtemps et passivement subi la domination étrangère. La spoliation, l'exploitation. Nous ne sommes plus maîtres sur notre propre sol, et il y a longtemps que nous avons cessé d'exister. Notre personnalité même est battue en brèche. Je ne veux pour preuves que les quelques exemples suivants qui illustrent de façon aberrante notre épanouissement.

Aux marchés traditionnels Mpika, Bukonzo, Yalala, etc., se sont substitués, avec changement de lieu, des marchés imposés par l'administration coloniale et qui ont pour noms maintenant — au mépris de notre calendrier traditionnel — jeudi, vendredi. Etc. Ces changements ne sont pas sans bouleverser l'ordre établi par les anciens. Et ce n'est pas la seule ingérence du gouvernement colonial dans nos mœurs ancestrales. Il y a des faits et gestes notoirement plus graves…

Monsieur le Commandant, ignorant totalement nos mœurs, ordonne le déplacement de nos villages pour les bâtir au bord des pistes carrossables. Il ne sait pas que chez nous, le village est un séjour sacré, sous bonne garde de l'esprit des anciens.

Traditionnellement, nous ne déplacions nos villages que pour des raisons très sérieuses de mortalité fréquente, par exemple. Et d'un !

Nos danses au clair de lune sont interdites. Et le tam-tam s'est tu dans nos sociétés ! Quel est donc ce peuple, où est donc ce peuple qui ne peut jouir du droit de se réjouir ? Répondez-moi ! Monsieur le *Commandant* dit, de son côté, que le tam-tam est trop bruyant et perturbe son repos et son sommeil ; le *missionnaire*, quant à lui, estime que ce même tam-tam est un sérieux handicap à son œuvre évangélisatrice. D'un commun accord, le *Commandant* et le missionnaire ont décrété la disparition du tam-tam. Et de fil en aiguille, les fêtes en l'honneur de nos morts ont cessé d'être ! Et de deux !

Mais de trois… ! Notre bon *malafu* et ses dérivés jouissent d'une mention spéciale : interdiction formelle d'en boire, sous peine d'amende, tandis que la bière, le vin rouge et tous les alcools importés peuvent couler à flots et être consommés impunément ! Ce même bon *malafu* empêcherait même l'accès au paradis !

Pis encore : saurait-on rester insensible à tant de sévices, à tant d'humiliation ? Des cas d'emprisonnement pour des motifs anodins ; les travaux bénévoles sur les routes ; la récolte du caoutchouc sous la trique menaçante du milicien ; et tout, pour notre anéantissement. Bref ! Tous tels que nous sommes, nous avons conscience des grands bouleversements qui sont en train de se produire chez nous. Que je sois démenti si tel n'est pas votre avis unanime…

Acquiescement général.

J'ajoute pour terminer que loin de nous est entreprise déjà une action en faveur de notre libération, par un fils de ce pays décidé à aller jusqu'au bout.

Les villageois s'interrogent du regard.

Oui, je vous dirai ici, une autre fois, d'où me vient ce mâle courage.

Ntangu. — Conséquences logiques de ces bouleversements, ces villages désertés, vides et morts, à l'avantage de gros centres urbains où va se perdre notre jeunesse. Là-bas, les mœurs se dégradent. Il est vrai que l'école y donne de l'instruction, mais pas forcément la sagesse, caractéristique de notre monde Bantu… Souhaitons que l'action révolutionnaire — et c'en est effectivement une —, en nous opposant aux ordres du Commandant, le Prince régnant du moment, il nous faille souhaiter, dis-je, que l'action révolutionnaire que nous engageons aujourd'hui maintienne nos jeunes à cheval entre l'ordre ancien et l'avenir flatteur que leur font miroiter les temps nouveaux. Car il nous faut éviter que les générations futures ne fassent retomber sur nous la responsabilité d'avoir permis ou favorisé — par notre passivité — la destruction de notre propre *moi*. La conscience de chacun de nous est suffisamment aiguillonnée pour hésiter encore dans notre position réactionnaire. Et puis, lorsqu'on tente, une action d'envergure comme la nôtre il faut savoir ce que l'on veut. Et jusqu'où veut-on aller ? Au cas contraire, on ne tarde pas à être victime de sa propre bravoure. Je pense que c'est l'avis de nous tous…

Ngondolo. — À ce sombre et sinistre tableau, j'ajouterai d'autres faits et gestes dont nous ne pouvons accepter l'application. Le gouvernement colonial vient d'instituer un impôt supplémentaire dit de *3 francs*. Nous serions bien lâches de l'accepter. Il existe déjà un impôt de capitation dont nous nous acquittons régulièrement, mais dont le taux augmente d'année en année. Notre assemblée, ici, n'a pas eu d'autre motif.

Nous ne savons pas où il nous mènera en fin de compte. On voudrait nous faire croire que ledit impôt de 3 francs serait destiné à alimenter une certaine caisse dite de *Société Indigène de Prévoyance*, en abrégé, « *S.I.P.* » ! Mais alors à quelles fins sert le premier impôt ?

Des rumeurs circulent également qui font état d'une affaire d'arachides et de bœufs. L'initiative ne serait pas mauvaise, si elle ne camouflait une série de travaux forcés, avec pour seule devise : produire, et toujours produire, mais au seul bénéfice des étrangers. Ainsi, on n'entendra plus parler que des arachides et des bœufs, mais jamais de l'homme qui les produira ou les élèvera ! Et les miliciens, ces stupides valets aveugles des *Commandants,* ne manqueront pas de mettre à profit ces nouvelles situations. Alors nous planterons des arachides et élèverons des bœufs en plein soleil, dans la mêlée, la confusion, au milieu des pleurs et des sifflements des triques.

Acquiescements.

Mais il serait stupide de voir dans notre prise de position une attitude négative, voire systématique. Non, ne nous élevons que contre l'esprit. L'esprit d'exploitation *(on exploite nos forces physiques et nos richesses naturelles),* oui, nous ne nous élevons que contre l'esprit qui préside à tant d'initiatives qui, ailleurs, seraient très heureuses.

Acquiescements.

Voilà, pour ma part, ce que j'avais à ajouter au tableau de nos malheurs actuels…

Mayamu. — On ne peut pas ne pas être d'avis avec tout le monde, à propos de ce que vous venez de dire les uns et les autres. Comme aussi tout le monde s'accorde sur les malheurs qui sont les nôtres, actuellement. Les miliciens mangent notre volaille, exterminent notre petit bétail. Ces mêmes miliciens prennent nos femmes. Devant de tels agissements, nous n'avons qu'une possibilité : nous taire ! Et nous nous sommes tus jusqu'à présent. C'est révoltant, il est vrai…

Mais que pouvons-nous faire devant l'homme blanc et sa puissance ? Sa parole est sacrée. Ses ordres sont précis, nets, péremptoires et n'admettent point de réplique !

Gestes de désapprobation dans la foule.

– Lâche ! Lâche !

On crie ! Mais Mayamu continue.

– Écoutez mes amis ! Écoutez ! Laissez-moi aller au bout de ma pensée, s'il vous plaît ! Oui, je disais que notre impuissance nous désarme devant l'omnipotence du *Commandant*. Lui seul, en effet, a le pouvoir ; lui seul a les miliciens ; lui seul a la prison. Depuis qu'il règne en maître chez nous, qui a osé le braver ? Et celui-là ? L'aurait-il fait, d'ailleurs que…

La foule crie.

– Mettez-le dehors ! C'est un poltron ! Il risque de trahir. Dehors ! Dehors ! Mayamu !

On jette Mayamu dehors. Rumeurs et désordre dans la cour. Le calme est revenu.

Wumba. — Si les hommes veulent bien me le permettre, je voudrais dire un mot, quoique dans ces genres d'affaires, le concours de la femme ne soit généralement guère sollicité. Mais il s'agit, vous en conviendrez avec moi, d'une situation désastreuse qui n'a pas épargné la femme.

Souffrirez-vous longtemps encore qu'à propos des impôts vos femmes vous soient toujours arrachées quand elles ne peuvent pas s'en acquitter ? Et bien souvent, elles ne s'en acquittent que péniblement !

Admettrez-vous longtemps encore que nous soyons toujours victimes des miliciens sans scrupule qui, sous vos yeux ébahis, prennent vos femmes, et en font ce que bon, leur semble ? Je ne pense pas.

Nourricières de la société, nos préoccupations champêtres n'ont jamais cessé de nous accaparer, avec cette différence qu'elles ne servent plus à entretenir uniquement la vie de nos maris et de nos enfants. Alors, jusqu'à quand vont continuer ces longs défilés de femmes ployant sous de lourdes *moutêtes* et sillonnant les routes des districts ?

Il est vrai que les conditions d'existence de la femme sont moins dramatiques que celles de l'homme dans cette aventure coloniale. Mais quand l'homme est frappé, le cœur de la femme se met à saigner. C'est-à-dire que dans cette lutte, il n'y a pas que les hommes qui soient concernés. Nous, femmes, avons aussi notre participation. Voilà ce que j'ai voulu dire.

Acquiescements. Elle fléchit le genou.

Le chef Zeba. — Eh, bien ! Il me fallait tous ces témoignages de courage pour que, de mon côté, je vous livre le fond de mon âme. Chef, oui ! Mais pauvre instrument, à la merci des caprices du Commandant et des humeurs des miliciens. Je me suis toujours senti seul parmi vous ! Que peut-on tout seul ? Je pensais que vous ne compreniez pas, et je ne vous croyais pas capables de réactions ! Vous venez de me prouver tout le contraire aujourd'hui. Et ce qui est réconfortant, les femmes mêmes soutiennent cette prise de position.

Cependant, que ce ne soit pas là attitudes vainement arrogantes prêtes à se convertir en lâcheté à la moindre menace ! Dans ce cas-là, mieux vaudrait pour nous et pour la survie de nos enfants, nous résigner à la sujétion. Mais je connais vos qualités, et je suis sûr aussi que le pays tout entier nous suivra. Seul coûte le premier pas ! Car, dès lors que le sort en est jeté, en avant ! Mais attention ! Nous courons beaucoup, beaucoup de risques. Il ne faut donc pas nous leurrer. Car c'est une lutte que nous engageons contre une puissance supérieure. Je demande à chacun de réfléchir sérieusement sur ce que doivent être nos moyens d'action dans cette lutte. Ce sera l'objet de la prochaine assemblée. Mais il nous faut devancer nos ennemis et précipiter les évènements. Aussi vais-je demander à notre frère Ntangu d'être notre interprète auprès du chef de département pour l'informer du climat d'agitation qu'il va bientôt connaître — s'il ne le soupçonne pas déjà —, mais dont il est directement ou inconsciemment responsable.

Finie l'action clandestine ! Agissons au grand jour, que le scandale éclate !

Ntangu. — Merci de cette marque d'estime et de confiance. Aussi vais-je de ce pas voir Monsieur le Commandant, et discuter un coup avec lui !
Il sort crânement.

Acte II

Scène I

Mayamu, Kobila.

Mayamu *(se présentant à Kobila).* — Mayamu, du village de Mutampa. Salut !

Kobila. — Qu'est-ce que tu veux ?

Mayamu. — Un petit instant d'entretien, s'il te plaît !

Kobila. — J'écoute.

Mayamu. — Voici : tu dois savoir qu'actuellement se prépare quelque chose contre le pouvoir colonial. Il y a dans l'air un vent de révolte. Des esprits excités, surexcitent d'autres. Je sors d'une réunion au village de Mutampa. Le chef de ce village, Zeba, épaulé par les villageois Ntangu, Ngondolo et Muinda, a entrepris une action subversive auprès des masses villageoises. Mais, au vrai, sans les nommés : Muinda, Ntangu et Ngondolo, le chef Zeba serait moins à craindre. Ces derniers sont déterminés à provoquer la révolte : pas d'impôts à payer au Commandant ; pas de *Kiniémo* ; pas de… etc. Bref, et selon eux, la domination coloniale a trop duré. Il est temps d'en secouer le joug.

Personnellement, je ne suis pas de leur avis. Tout à l'heure, au cours de leur réunion, j'ai donné mon point de vue, mais ils ne m'ont pas laissé la parole jusqu'au bout. J'ai été hué, traité de lâche, et roué de coups, par-dessus le marché ! Voilà ce qui m'a amené auprès de toi, te rendre compte du climat actuel qui règne au village de Mutampa. Je pense maintenant qu'il est de ton devoir d'en informer Monsieur le Commandant. Ai-je mal fait ?

Kobila. — Au contraire. Et merci beaucoup. De notre côté, nous savons depuis quelque temps que quelque chose ne va pas au village de Mutampa. Mais le chef Zeba et ses alliés se trompent fort sur l'autorité coloniale. Que peuvent-ils ? Sinon risquer un bien triste sort !

Vois-tu, Mayamu, tu appartiens à un drôle de peuple têtu comme il n'en existe certainement nulle part ailleurs. Ce peuple croit avoir ce qu'on appelle du cran, du caractère ! Peut-être, mais cela pourrait s'appeler aussi de la bravade ou de la bravache, comme tu voudras. Car il faut être stupide pour oser braver le Commandant qui a ses miliciens, ses prisons, le pouvoir et la force !

J'ai été ce matin dicter des ordres du Commandant au chef Zeba, au sujet de l'impôt et diverses prestations. L'attitude de ce chef ne m'a pas enchanté, et je comprends tout maintenant. Je rendrai compte de tout cela à Monsieur le Commandant, tout à l'heure, dès son entrée au bureau. Au revoir !

Scène II

Ntangu, Kobila (Kobila monte la garde devant la résidence du Commandant. Soudain arrive Ntangu).

Kobila. — Halte-là ! Où voudrais-tu aller ?

Ntangu. — Voir le Commandant et lui parler !

Kobila *(sans mot dire, agite son index en guise de refus)*. — Tzs ! Tzs ! Tzs !

Ntangu. — Qu'est-ce que cela veut dire ? Je veux et j'entends parler au chef du département. Tu n'es pas là pour m'empêcher d'entrer…

Kobila. — Qui es-tu ? Le Commandant ne reçoit pas n'importe qui dans son bureau.

Ntangu. — La question de savoir qui je suis ne te regarde pas. Je suis un fils de ce pays, le pays de nos pères, un point c'est tout. Et je ne m'en vais pas parler au Commandant pour lui raconter des boniments… Laisse passer !

Kobila. — Non, te dis-je !

Ntangu. — Si, te dis-je !

Kobila. — Mais à quel titre, et pour quoi faire ?

Ntangu. — Pour la deuxième fois, je te dis et répète que la question de savoir ce que je vais dire au chef de département ne te regarde pas ! Une telle indiscrétion dénote de ta part un manque total de conscience sur le rôle auquel tu es commis : une simple sentinelle ! Et puis, milicien, sache que le chef de département est dans ce pays pour administrer un peuple, et non ces manguiers ou ces cabris du poste. Je me réclame de ce peuple-là auquel je prête ma voix. Et il y a des choses que le pauvre Commandant n'apprend qu'à travers des rapports plus ou moins faux des miliciens… Je t'en ai assez dit, allez ! Laisse-moi passer !

Kobila (*imperturbable*)

Ntangu. — Milicien ! Obéis ! Laisse passer, te dis-je !

Kobila *(indigné, son arme pointée sur le flanc de Ntangu).* — T'obéir, à toi ? Mais qu'est-ce qui te prend ? Et moi je vais t'envoyer compter toutes les feuilles de ces arbres-là, et manger toutes les bestioles de la forêt vierge. Car il faut que tu sois fou pour, d'abord, vouloir entrer chez le chef de département, et finalement me demander de t'obéir !

Fou, il faut que tu sois fou, que la tête te tourne, que tu aies des vertiges, au point d'oublier que ce pays est tout entier soumis à l'autorité coloniale ; et que ton peuple n'existe plus…

Fou, fou ! Va-t'en d'ici ; ôte-toi de mes yeux sinon je fais feu ! Allez, ouste !

Ntangu recule lentement, fixe le milicien dans les yeux et brusquement saisit le canon du fusil.

Ntangu. — Tu voudrais donc me faire peur avec ton arme ? Voilà ! Je te la tiens. Et à nous deux maintenant !

Les deux hommes se disputent l'arme dont le canon est tourné vers le ciel ; Kobila, sur le point de faiblir, tire. Mais Ntangu lui arrache le fusil et prend la fuite, après avoir renversé le milicien.

Scène III

Kobila, le Commandant, les autres miliciens (la détonation du fusil a alerté les autres miliciens du poste. Ils accourent vers la résidence où Kobila, tout tremblant, rend compte de l'incident au chef de département).

Kobila. — Mon Commandant ! Mon Commandant ! Je suis mort, je suis assassiné, je suis perdu, je suis…

Le Commandant. — Allons ! Allons ! Que se passe-t-il ? Qu'est-ce que c'est que ce coup de fusil ?

Kobila. — Un fou est venu m'attaquer. Il s'est imposé devant moi et m'a obligé de le laisser entrer chez vous, afin de vous parler, au nom de son peuple.

Le Commandant. — Quel peuple ? ? ?

Kobila. — Je ne sais pas.

Le Commandant. — Et puis ?

Kobila. — Je l'ai empêché d'entrer dans votre bureau, et puis il m'a arraché le fusil, après m'avoir molesté. Enfin, il s'est enfui.

Le Commandant. — Tu le connais, au moins ?

Kobila. — Je ne le connais pas, mais il est certain qu'il habite Mutampa. Or, Mutampa est actuellement sous l'agitation de trois meneurs, suivant un rapport que m'a fait ce matin un nommé Mayamu. Ce dernier m'a en effet dit que le chef Zeba, les villageois Muinda, Ntangu et Ngondolo prêchent la haine du blanc, du milicien. Ils incitent la population à la désobéissance, à la révolte, et...

Le Commandant. — Bon ! Bon ! Suffit !

Un autre milicien. — Mon Commandant, le même bandit s'est introduit dans la maison d'arrêt, et a dit aux prisonniers : *Sortez de vos cachots, les temps sont accomplis, qui verront se produire ce qu'on n'a jamais vu. Le jour et la nuit se battront, le soleil et la lune se battront ; l'eau et le feu se battront ; les petits renverseront les grands, et lui-même, le bandit se chargera de cogner sur votre casque...*

Le Commandant. — Assez ! Assez ! Courez

tous me mettre de l'ordre à la prison. Quant à toi, Niaki, va immédiatement m'arrêter le chef Zeba, et les trois prétendus nommés Muinda, Ntangu et Ngondolo. Allez vite, vite et que ça saute !

Scène IV

Mayamu *(seul).* — Parle à qui veut t'entendre ! Les malheureux, qui ne savent pas ce qu'ils font ! Ni ce qu'ils veulent ! Ils vont braver l'autorité coloniale ! Ridicule ! Et c'est moi qui passe pour fou à leurs yeux !

Il fallait s'opposer aux blancs dans les premiers temps de leur infiltration chez nous. Ils étaient moins nombreux ; ils avaient peur de nous, ne nous connaissant pas encore ; ils avaient des moyens réduits de défense ; ils connaissaient mal l'étendue du pays… Aujourd'hui, il est bien trop tard pour leur opposer une résistance. À moins d'être fou !

Des blancs et des noirs, c'est comme des pierres et des œufs dans un même panier, mais ce sont les œufs qui cassent ! Voilà le sort que mes braves Muinda, Ntangu et Ngondolo et consorts réservent au pauvre peuple ! On veut le flatter, lui promettre monts et merveilles ; plus la lune et des lendemains qui chantent sous la baguette magique de la liberté ! Pouah !

Supposons-leur ce succès. Qu'adviendra-t-il ? À la place du blanc, c'est eux, les Muinda, les Ngondolo et compagnie, qui réduiront leurs propres frères en esclavage, et des pires sans doute que celui du blanc !

Qu'étions-nous, avant les blancs ? Nous vivions comme dans la jungle sous la loi du plus fort ! Et je suis le petit-fils d'une lignée d'esclaves !

Nous étions soumis à la marmite ou au poison d'épreuve !

Nous étions victimes de toutes sortes d'épidémies que notre ignorance attribuait à d'innocents sorciers. Le blanc est venu, il a dit : *Vos fétiches, vos sorciers, et la magie existent certes, mais vous ne mourez pas uniquement de leur influence. Il faut aussi que vous cherchiez ailleurs les causes de vos maladies et de la mort, sur la voie de la science moderne.*

Le blanc a bâti des écoles et des hôpitaux qui nous mettent hors de l'ignorance et de la maladie.

Telle est la réalité pour moi. Mais mes braves voudraient que j'y ferme les yeux !

Non, messieurs, le blanc n'est ni méchant ni injuste. Il faut savoir le prendre. Il est comme l'enfant qui aime les flatteries, et comme un bon-papa qui aime toujours voir ses enfants lui obéir !

Voilà la vérité ! Oui. Voilà la…

Irruption de Ntangu.

Ntangu. — Traître de Mayamu ! Prends garde ! Faut-il que tu sois indigne de ton peuple pour pactiser avec l'oppresseur, ennemi de ton bonheur, usurpateur de tes droits et cause de tes malheurs ? Quel démon de malheur habiterait ton cœur ? Es-tu donc sans passé ? Es-tu donc sans avenir ? Comment saurait-on où l'on va lors même qu'on ignore d'où l'on vient ? Mais là, est ton affaire. Et laisse le temps suivre son cours. Laisse ce pauvre peuple opprimé se défaire des lourdes chaînes qui l'étouffent. Laisse parler ces voix qui crient au nom de la liberté. Laisse chanter tous ses cœurs pleins d'espérance. Puis, profiteur des situations âprement acquises au prix de mille et mille sacrifices, tu pourrais venir jouir de la moisson ! Tu pourrais occuper la première place au banquet sous les auspices du triumvirat Liberté, Égalité, Justice ! Mais il faut que tu trahisses, parce que tu es sans conscience, parce que tu es sans origine, parce que tu es sans but !

Va, cours chez tes miliciens vendre ton peuple ! Mais malheureux entrepreneur d'un commerce exécrable, que comptes-tu obtenir en retour, sinon la condamnation sans appel de ton peuple à l'esclavage !

Va, cours chez le Commandant, ton père, qui se rit de tes chefs, de tes morts, de tes mœurs !

Va, cours chez ton blanc qui est savant, je le confesse et te laisse le dire. Le blanc n'est pas notre ennemi, par principe. Mais depuis qu'il a bâti des écoles, des hôpitaux, des tribunaux, et des prisons, nous n'avons plus de vertus sources de sagesse, nous mourons jeunes sans testament ni fortune, nous sommes condamnés sans cause, et nous sommes anonymes !

Petit-fils d'une lignée d'esclaves, hum, le beau thème !

Sache, je t'apprends qu'il est moins déplorable d'être l'esclave de son frère, d'être en somme, son propre esclave, que de l'être du blanc dont les airs arrogants et maniérés humilient constamment ! Dis-moi : que préfères-tu ? Des matabiches dédaigneusement dispensés — et que précèdent généralement des injures et des coups de pied — à des fruits cueillis dans ta propre plantation librement entretenue, en toute indépendance d'esprit ?

Et puis, l'esclave selon notre conception était membre à part entière de la famille de son maître.

Petit-fils d'une lignée d'esclaves, sache, sache, je te l'apprends, que les mêmes blancs dont tu défends la cause ont creusé un vide effroyable dans ton peuple par les abominables opérations de la traite !

Sache que des milliers, des millions de tes frères ont été victimes d'horribles razzias et si, depuis l'oncle Sam, vainqueur d'Abraham Lincoln, les Amériques hétérogènes et multicolores sont la borne contradictoire sur le chemin de l'humanité en marche vers l'égalité, tes blancs en sont la cause !

La marmite et le poison d'épreuve ? Soit. Mais les supplices du fouet et de la guillotine ne furent jamais de notre invention !

Non ! Mayamu ! Non ! Moins qu'un renégat de ton peuple, tu en es un faux jeton !

Et, jamais tu ne sus des écoles, pauvre cervelle, le mobile qui présida à leur création. La réalité quotidienne en a démasqué les véritables intentions. Sache, je te l'apprends, que si *Matricule 22* passe aujourd'hui pour une bête noire pour les blancs, c'est précisément parce qu'à leur école il a vu et appris autre chose que ce qu'ils y enseignaient ! Où est la vérité ?

Ah ! Mayamu (et ton nom veut bien dire ce que ça veut dire : MA-YA-MU) voilà de quel crime tu es coupable à l'égard de ton peuple ! Mais, que les mânes des ancêtres puissent, ne pas t'en tenir rigueur, pour te ramener à la raison sinon…

Il le quitte avec menaces sous-entendues, tandis que Mayamu est hébété.

Acte III

Scène I

Le Commandant, Zeba, Muinda, Ntangu, Ngondolo, les Miliciens.

Le Commandant. — Alors ! Vous ne voulez pas parler ?

Muinda, Ntangu, Ngondolo
Silence

Le Commandant. — Allez ! Allez ! Répondez à mes questions, sinon…
– …
– Qu'est-ce que vous avez dit au cours de la réunion ?
– …
– Bon sang de bon sang, vous allez vous décider, oui ?
– …
Ils se font signe les uns les autres, l'index sur la bouche : Chut !

– Est-ce là une réponse ? Vous m'énervez à la fin !
–...
– Zeba, parle le premier, en ta qualité de chef. Dis-moi ce dont il a été question à votre assemblée.

Tous les quatre répètent : Chut !

– Tu sais ce que ton silence va te coûter, hein ? Parle !

Tous les quatre répètent : Chut !

– Quoi ? Milicien, vas-y !
– Ngondolo !

Silence.

– Encore ! Bon ! Oui, votre culpabilité est trop grave pour l'avouer. Mais, moi, je sais tout ce que vous avez traité au cours de la réunion. Vous êtes des têtes *grillées* qui ne savez pas ce que vous dites ni ce que vous faites ! Vous cédez aux lubies d'un fou dénommé *Matricule 22* ! Voilà la vérité !
Cette lettre !

Il la brandit.

– Muinda, ne te rappelle-t-elle plus rien ?

–…

– Mais je suis heureux de supposer que ni toi ni tes frères, vous n'y avez rien compris ! Car dites, si vous le savez, comment les blancs font pour vous exploiter ? Vous avez donc oublié qu'avant notre arrivée, votre pays était ravagé par mille fléaux : paludisme, bilharziose, maladie du sommeil, etc. ? Vous viviez dans la peur de vos sorciers et de vos longues nuits hantées ! Vous viviez sous l'esclavage de vos chefs. Et, aujourd'hui que…

Tous les quatre à la fois l'interrompent.

– Commandant, vous avez parlé ! Nous avons juré de ne pas ouvrir la bouche ! C'est juré à jamais ! Frappez, critiquez, ce sont temps, et peine, perdus ; ce n'est pas ce qui nous arrachera des aveux ! Chut !

Et les quatre se replongent dans leur mutisme.

Le Commandant. — Bon ! Bon ! Eh bien ! Vous irez goûter le plaisir de vos silences en prison ! Gardes, emmenez-les et surtout, ne les ménagez pas !

Scène II

Monsieur le Commandant est dans son bureau. Il dicte à son secrétaire, tout en marchant de long en large, un rapport à Monsieur le Gouverneur du territoire.

Le Commandant *(à son secrétaire)*. – Êtes-vous prêt, papier, crayon, machine et tout et tout ?

Le secrétaire. – Oui, mon Commandant !

Le Commandant. – Parfait. Mais je vous rappelle, pour la pénultième fois, à l'occasion des rapports du genre de celui d'aujourd'hui, que vous êtes tenu d'observer strictement la règle sacrée du secret professionnel.
C'est un usage aussi vieux que le monde, et l'on raconte qu'Alexandre Le Grand, cousut la bouche de son aide de camp qui s'était rendu coupable d'indiscrétion en lorgnant sur un message secret que le général grec était en train de déchiffrer.

J'aurais, quant à moi, recouru à une autre méthode, plus draconienne… Le barbier du roi Midas préféra creuser un trou en terre pour y enfermer le secret de son auguste client. Seulement il s'était trompé : les roseaux qui poussèrent à l'endroit du trou devaient confier au vent, en se balançant à son souffle : le roi Midas a de longues oreilles sous son bonnet !… Mais, compris ?

Le secrétaire. – Oui, mon Commandant.

Le Commandant. – Jure-le !

Le secrétaire. – Je le jure !

Le Commandant. – Bon. Alors, faisons bien attention ! Écrivez :
Secret confidentiel. Point. À Monsieur le Gouverneur, virgule, à la ligne
J'ai l'honneur de vous rendre compte de la situation assez particulièrement caractérisée qui règne, virgule, depuis quelque temps, virgule, à peu d'exception près, virgule, dans les villages de la subdivision de Kinkala (prononcer Kin-ka-la) point. Des populations, virgule, jadis pacifiques et débonnaires, virgule, se sont mises, virgule, soudain, virgule, à se comporter d'une manière

désinvolte et, virgule, le moins qu'on puisse dire, virgule, anarchique (anarchique souligné) deux points : refus catégorique de payer les impôts, virgule, d'assumer bénévolement les travaux routiers, virgule, menace de mort contre les miliciens, virgule, etc. à la ligne.

Le climat sociopolitique se dégrade chaque jour davantage, virgule, sous des menées subversives (souligner menées subversives) de trois ci-devant prétendus nommés Muinda, virgule, Ntangu, virgule, et Ngondolo (ces trois noms en majuscule et soulignés) qui, virgule, à leur tour, virgule, obéissent à une voix lointaine dont ils reçoivent régulièrement leurs mots d'ordre, virgule, un certain *Matricule 22* (majuscule, soulignée), virgule, ayant, virgule, pour les besoins de sa cause, virgule, fixé sa résidence à Paris (résidence à Paris souligné). Point. J'ai, virgule, d'autorité, virgule, fait procéder à l'arrestation immédiate des trois principaux meneurs ci-dessus cités. Point à la ligne.

Une lettre signée *Matricule 22* a été trouvée sur l'un d'eux. Point. Elle est jointe au présent rapport. Point. Elle se passe de commentaire. Point à la ligne.

Il s'agit donc moins d'un mouvement d'humeur éphémère que d'une sérieuse campagne d'intoxication contre l'autorité administrante (toute la phrase est à souligner). Point. Il serait, virgule, superflu d'insister sur le caractère éminemment grave de cette situation qui, virgule, à la manière d'un feu de brousse, virgule, répandrait le virus de la contagion sur le reste de l'ensemble du pays. Point à la ligne.

En conséquence, virgule, et en considération de tout ce qui précède, virgule, il n'y a rien de plus urgent que l'incarcération, virgule, sans autre forme de procès et sans délai, virgule, du prétendu *Matricule 22*. Point final.

Le Commandant *(s'épongeant).* - Voulez-vous me relire ?
Le secrétaire lisant…

Le Commandant. - C'est parfait !
Il bombe la poitrine, signe et dit.
– À expédier de toute urgence !… Ouf ! Quelle satanée chaleur ! Faites dire qu'on m'apporte à boire !

Acte IV

Scène I

Consternation générale au village de Mutampa et pour cause : le chef Zeba, et les villageois Muinda, Ntangu et Ngondolo, ont été expédiés dans un autre pays, pour purger leur peine. Mais la nouvelle la plus terrifiante, la dernière en date, est l'arrestation à Paris de Matricule 22 *déjà déféré à Brazzaville, pour son jugement ! Un villageois raconte :*

Un villageois. — J'arrive de Brazzaville à l'instant même. Là-bas, les choses vont très mal. Tous les blancs sont en colère... Les quartiers sont moroses. On n'entend plus battre le tam-tam gaiement comme au bon vieux temps. Oui, les blancs sont très fâchés, et les gens là-bas n'ont guère de répit. Beaucoup d'entre eux tombent d'épuisement. Mais le fouet du milicien intervient sans relâche !

Oh ! Si vous voyiez ces corps amaigris à peine couverts de minables guenilles. Et ces yeux hâves qui en disent plus long que les mots sur la fatigue ! Mais des maisons s'élèvent par-ci par-là ; des routes sillonnent le pays ; des ponts enjambent les rivières. Tout cela, c'est l'œuvre de nos frères, prisonniers.

Par-dessus tout cela les blancs se sont mis dans la tête, de construire un chemin de fer, de Brazzaville à la mer ! Ainsi sera ouverte la voie à leur pénétration totale dans le pays, et à l'évacuation hémorragique de nos richesses dans leur patrie ! Les prisonniers ne suffiront pas seuls à cette gigantesque et folle entreprise. Alors, le bruit court qu'il va y avoir une mobilisation générale de tous les hommes, nos chefs de village en tête ! À ce propos, j'ai même vu à Brazzaville des hommes, de taille remarquable, qui ne sont pas de chez nous, mais que la nécessité des travaux dudit chemin de fer a fait recruter ailleurs. Vous voyez d'ici l'atmosphère qui prévaut à Brazzaville, n'est-ce pas ?

Mais il y a plus alarmant : le chef Zeba n'est plus à la prison de Brazzaville. Nos frères Ntangu, Muinda et Ngondolo, non plus. On dit qu'ils ont été transférés dans un pays qui s'appellerait… *Tsiadi* (Tchad).

Si cela est vrai, le nom seul de ce pays est significatif ! Il paraît qu'il y fait une de ces chaleurs torrides à vous cuire la peau ! Les blancs quand ils sont mécontents de quelqu'un l'y envoient sans pitié, pour le corriger un peu, afin qu'ils ne recommencent plus.

Mais la dernière nouvelle, en date, est venue bouleverser Brazzaville : *Matricule* 22 a été arrêté à Paris sur ordre de *Moya-Congo* (Moyen-Congo) ! Mais les blancs ont chaud maintenant. *Matricule* 22, leur fait savoir qu'il n'est pas un homme banal ou quelconque. Il accomplit des choses qu'ils n'ont jamais vues. On raconte que lorsqu'ils l'enferment dans une prison, *Matricule* 22 se rit d'eux. Et les geôliers commis à sa garde tremblent de toujours voir sa cellule vide ! Puis, ils apprennent avec beaucoup de stupéfaction que *Matricule* 22 se promène tranquillement dans les rues de Paris ! Les blancs de Paris en ont eu marre, et c'est demain que *Matricule* 22 sera à Brazzaville.

(Grande agitation dans la foule des villageois ; des hurlements de joie, des bravos, etc. Mais le narrateur coupe cette joie, en précisant) :

– Oui, demain, *Matricule* 22 sera à Brazzaville, mais… c'est pour être jugé !

Un grand oh ! d'indignation s'élève de la foule.

Tous. — Oh !

Scène II

La cour : le président, deux juges, un huissier, un greffier. Matricule 22 *menotté. Le public.*

L'huissier. — Messieurs, la cour !

On se lève. Les magistrats entrent et s'installent.

Le président. – Huissier, faites entrer l'inculpé !

Matricule 22, *est introduit dans le prétoire, flanqué de deux gardes ; le président continue :*

– Messieurs au dossier de cette séance, figure une affaire exceptionnelle, unique en son genre, pourrait-on dire, soumise à notre critique. Afin de nous éviter de sombrer dans la confusion, il s'agit d'une grosse affaire à débrouiller *(il agite le dossier)*, je vous invite à ne poser que des questions très très précises à l'inculpé, et en relation directe avec les charges à son encontre… *Matricule* 22 !

Matricule 22. — Monsieur le Président.

Le président. — Vous nous jurez de dire la vérité, rien que la vérité ?

Matricule 22. — Je le jure !

Le président. — Levez votre bras droit et recommencez.

Matricule 22 ne peut lever le bas : il est menotté. Le président se ravise :

– Jurez quand même !

Matricule 22. — Je jure de dire la vérité rien que, la vérité. Sous-entendu que je m'exprimerai en toute indépendance d'esprit, et que…

Remous dans la salle.

Le président. — Non ! Non ! Vous n'avez rien à ajouter à la formule rituelle qui à elle seule suffit amplement : la vérité, rien que la vérité. Bon. La parole est au tribunal.

Le Premier Juge. — Savez-vous pourquoi vous avez été incarcéré ?

Matricule 22. — Aucunement. Est-ce que le maître sait toujours pourquoi il bat son chien ?

Le Premier Juge. — Ne faites pas l'innocent ! Et puis, la question n'est pas là.

Matricule 22. — Dites-le-moi ! Si vous, vous le savez, au moins !

Le Premier Juge. — Qu'êtes-vous allé faire à Paris ?

Matricule 22. — Est-ce que le séjour à Paris d'un Anglais, un Américain, un Allemand ou un Russe, vous intéresserait au même titre ? J'aurais pu me trouver à Londres, à Washington, aussi bien qu'ailleurs, si j'avais été sujet britannique, yankee ou autre !

Le Premier Juge. — Présomption et ambition démesurée mal placées ! Mais pesez bien les mots de vos réponses. Je vous rappelle que nous ne sommes pas ici chez Guignol, et que de cet interrogatoire dépend votre sort. Alors, continuez à répondre de la sorte ! C'est intelligent ! Mais croyez-vous que les Anglais, les Américains ou les Allemands vous auraient laissé tranquille dans vos visées subversives sur leur propre sol ?

Matricule 22. — Ah ! Pardon ! C'est Brazzaville, une ville de chez moi, qui me juge en ce moment ; ce n'est pas Paris. Ce n'est pas Paris qui m'a fait arrêter, c'est Brazzaville. Brazzaville, je veux dire… les colons blancs de Brazzaville !

Le Deuxième Juge. — Impertinent ! Quelle différence faites-vous entre Paris et Brazzaville, toutes deux, villes françaises ?

Matricule 22. — Je vous remercie de cette nuance qui m'a toujours échappé et me faisait ignorer ma propre qualité de Français à part entière ! Je m'en excuse. Mais je ne pensais pas qu'à 10 000 km…

Le deuxième Juge. — Suffit ! Car lorsqu'on ne connaît pas sa géographie du monde, et qu'on est plongé dans l'ignorance totale des évènements du monde, on se contenterait plutôt d'un humble rôle de boy que chercher à s'élever, hors du commun, des mortels ! Et voilà ce que cela donne, en fin de compte !

Matricule 22 *(naïf).* — Serait-ce pour ce crime qu'on me traduit en justice ?

Le Deuxième Juge. — C'est suffisant !

Matricule 22. — Mais alors ?

Le Premier Juge. — Alors, répondez à la question suivante : que reprochez-vous aux blancs précisément ?

Matricule 22. — Rien ! Sinon leur inhumanité jointe à une rapacité aberrante !
Le président *(coup de clochette, indignation).* — C'est le comble, et vous n'hésitez pas pour nous le flanquer. Mais nos félicitations vont tout droit à votre maître de catéchisme !

Matricule 22 *(ironique).* — C'est que c'est un bon maître ! Il n'aurait été mauvais, pour vous, que s'il enseignait la vérité !

Le président. — Oui, mais la vérité est que vous abusez de la crédulité de vos frères !

Matricule 22. — C'est vous qui le dites, Monsieur le Président.

Le président. — Malheureusement pour vous, nous sommes bien placés pour vous le dire ! Mais vous n'êtes qu'un anarchiste, un rebelle, un hors-la-loi.

Menaçant.

– Que voulez-vous au juste ?

Matricule 22. — Mais de quoi m'accuse-t-on, vous ai-je demandé depuis le début ?

Le président. — Voulez-vous une preuve sur mille ? Vous accusez les blancs de vous exploiter pendant que vous allez vous installer à Paris. Que vous envoyez vos émissaires circuler dans les villages pour prendre aux pauvres paysans le peu de fortune qu'ils amassent péniblement ! Qui êtes-vous donc pour votre soi-disant peuple ?

Matricule 22. — Monsieur le Président, c'est de lui-même, sans aucune contrainte, que le peuple donne ce qu'il a pour les besoins de notre cause, et parce qu'il estime aussi, en tout état de cause, que cette expression de fraternité vaut mieux que des privations en faveur d'une S.I.P.

Le président. — Votre impertinence risque de vous coûter cher, et ce contre des preuves suffisantes accumulées sur vous, en notre possession. Notre patience à vous entendre nous débiter des finasseries attend plutôt de vous des aveux spontanés. Vos dérobades vous font, certes, gagner un peu de temps, mais ne vous feront pas éviter la sanction que vous encourez. Supposé que… un témoin dans cette salle nous apporte des preuves convaincantes sur votre cas, que diriez-vous ?

Matricule 22. — Monsieur le Président, voici une heure que nous nous ennuyons les uns les autres, une heure que je vous prie de m'étaler les motifs qui me sont incriminés… Eh ! Bien, puisque vous avez les preuves de ma culpabilité, étalez-les. Mais vous ne les avez pas et voilà pourquoi vous voulez que je vous invente un roman monté de toutes pièces, et qu'on veuille me trouver des prétextes.

Mais je suis convaincu et persuadé que ce qui se passe ici est ignoré en France métropolitaine. Et que si le général de Gaulle l'apprenait il ne vous le pardonne pas !

Je veux que l'on comprenne bien ma position. Elle est sans équivoque. Je ne suis ni un exalté, ni un agitateur, ni un fanatique et encore moins un lunatique ou un visionnaire.

Mon peuple me comprend parfaitement. Il ne se fait aucune illusion à mon sujet. Je ne lui prêche pas de nouvelle religion. Je ne lui promets pas de monde exempt de vicissitudes. Je lui dis simplement, par exemple, qu'on nous présente mal Dieu, père de tout le monde. Un Dieu devant qui tous les hommes sont égaux, pendant que ceux qui nous ont apporté sa Bonne Nouvelle vivent en contradiction flagrante avec les vertus chrétiennes…

Je ne prêche pas la haine des peuples. Je dis seulement qu'il y a des hommes qui exploitent les autres et s'enrichissent à leurs dépens.

Je prête ma voix à mon peuple afin d'établir un dialogue — non pas de sourds — avec les autres peuples de la terre, quels qu'ils soient. Je ne suis pas celui que vous croyez. Je ne dresse personne contre quelqu'un d'autre. Je veux seulement une certaine justice. Une certaine liberté. Une certaine égalité entre les hommes, quels qu'ils soient, quels que soient leurs origines, leurs climats, leurs mœurs…

Si mon peuple était sans conscience, s'il revendiquait des droits qui ne sont pas les siens ; s'il trichait ; s'il mentait ; s'il provoquait ou attaquait les autres, je vous assure que je le désapprouverais en premier dans ces différentes entreprises, au lieu de le soutenir. Ce n'est pas moi qui incite mon peuple à ne pas payer les impôts, lorsqu'il estime, en conscience, ne pas devoir les payer parce qu'ils ne servent qu'à assurer le bonheur des autres !

Ce n'est pas moi qui entête mon peuple lorsqu'il refuse de planter des arachides ou d'élever des bœufs, parce qu'il sait d'avance que sa peine serait perdue au profit des autres !

Mon peuple est suffisamment mûr pour décider d'une attitude devant tel ou tel cas. On peut, tout de même : lui trouver, ne serait-ce qu'un brin de conscience ! Alors on dit que c'est moi qui le pousse à la révolte, lors même qu'il résiste de lui-même aux forces d'une oppression gratuite !

Si l'on peut prouver que mon peuple est le seul et le premier à vouloir vivre libre et indépendant, je serai le premier à le condamner sans appel !

Mais s'il est vrai qu'à commencer par ceux-là mêmes qui bafouent nos droits, tous les peuples de la terre, sans exception, aspirent à la pleine jouissance de leur liberté, et luttent pour la conserver intacte, contre les tendances dominatrices, alors la cause de mon peuple est juste. Et ma conscience me tiendrait rigueur — sans un instant de répit — si je me dérobais, si j'abdiquais le chemin du combat, en cédant devant les bluffs, les menaces, les dépressions de tout genre !

Certes, mon peuple n'aurait aucune raison de refuser l'institution d'une communauté interhumaine, basée sur le respect réciproque des droits et au sein de laquelle il ne risquerait pas de perdre son âme !

Le sentiment national n'est pas particulier à mon peuple. C'est à le croire, peu s'en faut en constatant le discrédit dont est frappé ce peuple parce que, simplement, il tient à n'appartenir qu'à lui-même.

Alors je vous dis : pour tous ces motifs, condamnez ce peuple, effacez-le de la terre ! Mais craignez d'échouer ! Car, la foi, cette vertu, qui ne fait pas défaut à mon peuple, pas la foi qui déplace les montagnes, mais celle qui alimente et soutient l'intention, est une flamme inextinguible !

Le président. — Vous avez seul risqué votre condamnation, et non ce pauvre peuple que vous abusez, au lieu de lui apprendre à travailler !

Matricule 22. — Vous ne l'avez pas trouvé nu ni en train, de mourir de faim ! Enfin Monsieur le Président en ce qui me concerne, au lieu de tourner autour du pot pour savoir : pourquoi le jour ? Pourquoi la nuit ? Pourquoi la maladie ? Pourquoi la mort ? Pourquoi les saisons ? Pourquoi ? Pourquoi ? Il faut poser mon cas en termes clairs : pourquoi les animaux qui ont assisté à la naissance de Jésus-Christ ne vont-ils jamais à la messe ?

Le président. — Gardes ! Emmenez-le et enfermez-le dans sa cellule !

Matricule 22. — Non, Monsieur le Président, un instant et un dernier mot ! Lorsqu'un jour on écrira l'histoire de ce pays, il ne faudra pas que vous et moi soyons condamnés par la postérité.

Vous, les juges, je voudrais vous décharger du poids d'un remords. Vous me jugez en ce moment pour avoir commis le crime de revendiquer la libération de mon peuple. Je ne vous en veux pas, sachant que vous n'êtes que de malheureux instruments au service entier de la puissance coloniale.

Vous non plus, vous n'êtes pas libres. À travers et derrière vous se cachent le gouverneur général de la colonie et le gouvernement français !

Le président. — Taisez-vous ! Trêve de calomnie et de diffamation !

Matricule 22. — Non, Monsieur le Président ! Lorsqu'en 1880, au mois de septembre exactement, le roi Makoko cédait à Pierre Savorgnan de Brazza la terre de Nkuna pour qu'il s'y établisse, il s'agissait, ni plus ni moins, d'un accord d'amitié conclu entre le souverain et celui qui parlait au nom de la France. Brazza s'était présenté comme un ami de Makoko qui ne le reçut pas autrement qu'à ce même titre !

Comment expliquez-vous, Monsieur le Président, qu'à la suite de la signature de leur amitié réciproque, le royaume souverain fut converti : en territoire sous occupation française ! Et que les sociétés concessionnaires prirent un essor soudain au détriment de notre peuple ?

Alors, le dilemme est clair, Monsieur le Président. Ou bien, de Brazza, s'était présenté sous un faux jour auquel cas je vous demande de saisir le gouvernement français de retirer des manuels d'histoire les passages élogieux en faveur de Brazza qui cesse dès lors et à notre entendement, d'être cette légendaire et noble figure dont la mémoire… Bref ! Ou bien de Brazza était sincère, son aventure n'avait d'autres buts que celui de sceller des liens d'amitié avec Makoko, lesquels liens favoriseraient et raffermiraient des rapports commerciaux. Et alors, la pensée de Brazza a été trahie ou travestie par ses successeurs. D'où la situation communément confuse que nous vivons en ce moment, vous et nous !

Passe encore que cette situation soit confuse, mais que dire du comportement général des représentants de la France, les commandants en tête, puis les missionnaires et les commerçants, grands ou petits, pour qui l'indigène n'est rien moins qu'une bête de somme ?

Mauvais traitements, injures gratuites, emprisonnements, travaux forcés, discrimination…

et j'en passe… voilà la fausse monnaie courante dont est gratifié l'indigène…

Mais puisque mon discours commence à déplaire parce qu'il jette de la lumière sur les consciences, je vais y mettre un terme. Monsieur le Président, je vous demande seulement d'en retenir une chose, une seule que je vous prie instamment de transmettre, à tous ceux qui parlent au nom de la France ou de Dieu. Si, l'occupant de nos terres, quel qu'il soit ne s'était érigé en conquérant infatué de lui-même, et la suprématie supposée de sa race pour qui il n'y ait de droit que pour lui, nous n'étions pas pressés, croyez-moi Monsieur le Président, de courir à notre indépendance !

Le président. — Assez plaisanté ! Gardes ! Emmenez-le et enfermez-le dans sa cellule !

Le Premier Juge (*après quelques minutes de silence et de gêne…*). — Vous l'avez laissé parler trop longtemps, Monsieur le Président !

Le président. — Ce n'est pas une mince affaire, ce dossier *Matricule 22* ! Sa défense n'est pas dénuée de bon sens. Il donne nettement l'impression de quelqu'un qui souffre réellement pour son peuple, comme il le dit. Et ce peuple, il le porte visiblement plus dans son cœur que dans sa tête !

Le Premier Juge. — Et puis l'homme n'est pas bête. C'est cela qui constitue le danger. Et son peuple, il doit l'affoler jusqu'à l'hystérie lorsqu'il lui parle ! Et sa boutade, sur les animaux qui ont assisté à la naissance du Messie, laisse rêveuse ! À mon avis, le plus gros danger pour ce pays serait de laisser cet énergumène en vie plus longtemps encore !

Le Deuxième Juge. — Je ne partagerai pas cet avis. Il faudrait, je crois, laisser le temps faire œuvre utile et tempérer sa fougue. Il a beau affirmer qu'il n'a rien d'un exalté, il l'est en réalité. Ou plutôt l'acuité de son intelligence le met constamment aux aguets du moindre tort causé à un de ses frères de race, et le met hors de lui-même. Il s'agirait plutôt de réviser, de notre côté, certains de nos comportements vis-à-vis de l'indigène. Car si ses déclarations sont sincères, il pourrait même nous aider à reprendre la situation en main, à condition bien sûr, comme je viens de le dire, que nous changions un peu nos manières de vivre, voir et juger.

Le Premier Juge. — Oui, cet homme est dangereux. Son cas est troublant. C'est un cas d'espèces et de conscience pour nous. *Matricule 22,* n'a pas tout à fait tort, à bien voir les choses. Mais c'est justement parce qu'il n'a pas tout à fait tort qu'il devient dangereux, venimeux, contagieux ! Il s'égare, cependant, en bien des endroits, lorsqu'il se met à magnifier son peuple ! Pouah ! Le peuple ! Si seulement son peuple pouvait comprendre ce que c'est que de s'appartenir ! Si, *Matricule 22*, voit à peu près juste, et pense à peu près juste, en tout cas son peuple est bien loin derrière lui ! C'est là le danger. Et le pauvre *Matricule 22* risque bien d'être la victime de son amour pour son peuple !

Le Deuxième Juge. — C'est exact. Nous avons, dans ce pays, apporté beaucoup de changements. Nous y avons créé des écoles, et l'appétit du savoir de l'indigène se révèle insatiable chaque jour davantage. L'indigène a adopté, avec élégance, notre mode vestimentaire : il porte pantalon, veste, chaussures, lunettes, et nos moyens de locomotion exercent sur lui un attrait irrésistible ! Etc. Mais, pour acquérir ce confort moderne, sait-il seulement la part d'efforts et de travail qu'il lui faudra fournir ? Or, jusqu'à présent, le rendement de l'indigène au travail est médiocre. Et il lui faut la chicote, sinon…

Le Premier Juge. — Oui, *Matricule 22* réclame

la liberté, l'indépendance pour son peuple. Admettons. Nous voulons bien partir, mais ce sera le chaos dans ce pays. Les luttes entre clans vont reprendre, et *Matricule 22*, court trop tôt vers son indépendance, alors que pour ce pays, il n'en sera pas question avant cent ans même !

Le président. — Partir ? Ts ! Ts ! Ts ! Il n'en est pas question ! C'est nous qui avons mis en valeur ces terres autrefois déshéritées. Nous y avons découvert des mines d'or inépuisables, et nous y avons bâti des villes, tracé des routes, etc.. Nous n'allons tout de même pas faire cadeau de tout ce beau travail à des gens qui n'en connaissent pas le prix ! Car la différence entre nous et ces gens est que l'or est pour nous précieux tandis qu'eux l'ignorent ! Nous, nous donnerions notre âme pour acquérir quelques pépites d'or, tandis qu'eux s'en moquent !

Pendant que la cour délibère, la tension monte dehors : le peuple manifeste son mécontentement.

Le Peuple. — À bas Buttafoco ! À bas Duhamel ! Vive *Matricule 22* !

L'huissier. — Monsieur le Président, c'est le peuple qui manifeste et crie son mécontentement !

Un instant de gêne dans la salle, puis le président reprend :

Le président. — Oui, nous nous sommes écartés du sujet. Trêve de spéculation. Levons notre séance. Qu'il nous suffise de statuer, présentement, sur l'emprisonnement ferme de *Matricule 22.* Nous avons tout le loisir de le juger définitivement, sine die. Après tout, ce n'est pas son jugement qui presse ! Seul doit compter pour le moment son isolement en prison. L'oubli descendra bien vite chez son prétendu peuple, et l'avenir se chargera de le juger !

Scène III

Matricule 22 : *il vient d'être ramené, dans sa cellule malgré sa longue et brillante plaidoirie. Quant au verdict du tribunal, les juges l'ont ajourné sine die. Mais bientôt circule la rumeur selon laquelle,* Matricule 22, *est décédé en prison, et a déjà été enterré ! Réactions populaires immédiates… Le peuple est trop engagé dans la lutte pour sa libération pour accepter que l'emprisonnement ferme de* Matricule 22, *puis sa mort puissent signifier son échec et la victoire du colonialiste. Aussi une assemblée extraordinaire se tient-elle à Mutampa qui réunit tous les dignitaires du pays, dont les plus illustres. Un appel est lancé à tous les jeunes pour continuer la lutte.*

La scène s'ouvre sur chant, mi-complainte, mi-incantation : Nzila Mayama ya tsamu-kini menga… *Les dignitaires sont drapés dans de grands pagnes aux plis majestueux, portant leurs cannes seigneuriales* (M'kawa).

Premier Dignitaire. — Ainsi après le jugement odieux de Brazzaville, qui l'a condamné à la prison ferme, *Matricule 22* n'est plus ! Il nous faut obtenir tout d'abord des éclaircissements sur les circonstances de cette surprenante disparition. Nous devons considérer, ensuite, que même mort, *Matricule* 22 a triomphé. Il nous a légué son esprit et ses convictions. Nous devons continuer la lutte. *Matricule* 22 mort, est plus fort que vivant. Au firmament des ancêtres, il a pris place au premier rang. Dans notre lutte, l'assistance de son esprit nous est acquise. Il n'y aura de victoire finale pour *Matricule* 22 que le jour où seront restituées les rênes du pouvoir à nos enfants. Nous porterons le deuil jusqu'à ce jour — là !

On se lève pour une minute de silence.

Deuxième Dignitaire. — La poursuite de la lutte s'impose. D'autant plus que *Matricule* 22 l'a payée de sa vie. C'est une caution précieuse. On ne craint plus de se mouiller lorsqu'on est déjà dans l'eau ! On ne craint pas de se décomposer alors qu'on est déjà mort !

Troisième Dignitaire. — La lutte doit continuer, cela va de soi. *Matricule* 22, n'est plus.

C'est un fait. Mais qu'a-t-on fait de son corps ? Pourquoi les autorités coloniales, Buttafoco en l'occurrence, n'ont-elles pas officiellement publié la triste nouvelle de la disparition de l'homme brave parmi les braves ?

Quatrième Dignitaire. — Mort de *Matricule* 22 ? Je suis tenté par le doute ! Je suis plutôt porté à croire à un canular ou à une supercherie. Mais si la triste nouvelle est vraie, qu'on nous en donne la preuve ! Eh oui, bien sûr, la preuve ! Tant qu'on n'exhumera pas ses restes pour nous les montrer, je me refuserai à admettre cette galéjade. *Matricule* 22, avait une dent en or. Eh bien, nous le reconnaîtrons à ce signe particulier, par exemple…

Cinquième Dignitaire. — Tout cela est vrai, et l'équivoque doit être levée. Il le faut. Sinon nous serons en droit de toujours penser que *Matricule* 22 n'est pas mort. Ou bien les autorités coloniales, qui le craignent fort, veulent nous le cacher, et à la place, elles nous servent l'alibi fallacieux de son décès ; ou bien *Matricule* 22 est réellement mort, auquel cas nous exigeons que Buttafoco nous indique le moment du décès, la cause du décès, le lieu de l'inhumation, et le même Buttafoco doit nous exhiber les restes mortels de *Matricule* 22 !

Sans quoi notre peuple ne se laissera jamais abuser, dans cette affaire.

Enfin, *Matricule 22* était tout de même peu ordinaire pour qu'on se permette, s'il est vrai qu'il est mort, d'aller vite le jeter la nuit dans une fosse, tel le cadavre d'un chien enragé ! Quelle abomination !

Sixième Dignitaire. — Buttafoco et toute sa clique se méprennent fort dangereusement sur le compte de *Matricule 22* s'ils doutent de sa popularité. Ils ne vont pas tarder à changer d'avis, bien qu'il soit trop tard, quand ils vont bientôt se rendre à l'évidence. Quand on est *Matricule 22*, on ne meurt pas pour de bon ! Ses idées survivront et son ombre au-dessus de nous planera toujours !

Septième Dignitaire. — Oui, à l'évidence. Le nom de *Matricule 22* est entré dans l'histoire de notre peuple. Ce nom est déjà sur toutes les lèvres et fait battre d'émotion tous les cœurs ! *Matricule 22* vivant ou mort, rien ne changera dans notre détermination. La lutte continue…

Jeunes gens, prenez la relève du frère aîné tombé sous le coup du colonialiste ! S'il n'avait été grand et digne de son peuple, n'eût-il pas eu le courage de braver l'ennemi combien plus puissant que lui ? Il vous a indiqué le chemin à suivre. Suivez-le résolument ! La graine semée par *Matricule* 22 est tombée en bonne terre : elle germera !

Tous se lèvent, les bras levés, au cri scandé de :

Hourra ! Hourra ! La lutte continue ! Nous vaincrons !

Fin

Cet ouvrage a été réalisé
par les ateliers graphiques ACGI
pour le compte et sous la direction
de Benoist Saul Lhoni

© 2018 Benoist Saul Lhoni
Édition : Books on Demand
12/14 Rond-point des Champs-Élysées, 75008 Paris
Impression : BoD - Books on Demand, Norderstedt, Allemagne
ISBN : 9782322099870
Dépôt légal : mai 2018